FÊTE DU 28 OCTOBRE 1885

NOCES D'OR

DE

M. LUC TERRIER

CURÉ DU LONGERON

Sanctificabis annum quinquagesimum
ispe est enim jubileus.

Lev., xxv, 10.

ANGERS

GERMAIN ET G. GRASSIN, RUE SAINT-LAUD

Imprimeurs de Monseigneur l'Évêque et du Clergé

1886

FÊTE DU 28 OCTOBRE 1885

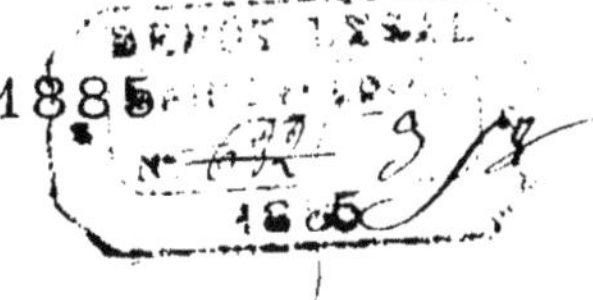

NOCES D'OR

DE

M. LUC TERRIER

CURÉ DU LONGERON

Sanctificabis annum quinquagesimum
ispe est enim jubileus.

Lev., xxv, 10.

ANGERS
GERMAIN ET G. GRASSIN, RUE SAINT-LAUD
Imprimeurs de Monseigneur l'Évêque et du Clergé

1886

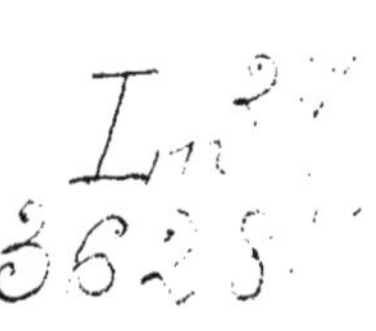

Monsieur le Curé,

Les Fêtes de votre Cinquantaine nous ont trop vivement impressionnés pour que nous n'en gardions pas fidèlement le souvenir; tout ce que nous pourrons écrire paraîtra bien faible aux témoins des manifestations touchantes de respect, de vénération, de filiale affection dont vous avez été l'objet de la part de vos amis et de vos paroissiens. Mais, parmi ceux qui vous aiment, beaucoup n'ont pu assister à vos Noces d'Or; ils désirent savoir comment nous vous avons fêté. Ces souvenirs ont été écrits pour eux. Ils ne doivent pas s'attendre cependant à trouver ici l'expression exacte de leurs sentiments et des nôtres; le langage humain n'est pas parvenu à exprimer toutes les délicatesses du cœur, et, malgré notre bonne volonté, les mots nous ont manqué pour reproduire toute la vivacité de notre reconnaissance.

Le mérite littéraire des diverses pièces qui forment cet opuscule n'est pas le même; elles vous ont été adressées par tous les âges et toutes les conditions, depuis le Dominicain célèbre jusqu'au petit Asilien. S'il n'y a pas dans toutes le même souffle d'éloquence, il y a partout les mêmes élans du cœur.

NOCES D'OR DE M. TERRIER

CURÉ DU LONGERON

Nous sommes au 28 octobre 1885, à neuf heures du matin. La journée s'annonce belle, et déjà les cloches, ces nouvelles baptisées d'un mois, font entendre leurs joyeux carillons. Que se passe-t-il ? Quel entrain ! Ah ! ce sont les noces d'or de M. le Curé ! l'inscription d'une porte de ville sous laquelle nous passons nous en avertit. Tout le monde est en habit de fête, les rues et les maisons sont décorées et pavoisées. Attendez ! si la pluie et le vent ne nous contrarient pas trop, nous aurons aujourd'hui une fête splendide. Car rien de plus champêtre, ni de plus gracieux que ces rues bordées de deux haies d'arbres, entrelacées de guirlandes de feuillage ; au-dessus flottent banderolles et oriflammes avec leurs inscriptions variées et touchantes. Amour, respect, vénération, reconnaissance des paroissiens pour leur Pasteur, voilà la note générale. Mais pour rendre ces idées, que de nuances ! Comme la piété filiale est ingénieuse à trouver des mots se prêtant à l'éclosion de sa pensée ! Je voudrais pouvoir noter ici tout ce que j'ai glané d'intéressant à travers le Longeron, le jour de la cinquantaine de son Curé ! J'entendais un vénérable ecclésiastique venu de l'autre bout du diocèse, dire avec émotion : « Oh ! si tous mes paroissiens assistaient à cette fête, comme ces expansions spontanées de la foi leur feraient du bien ! » Hélas ! toutes les paroisses, en notre temps, ne ressemblent pas à celle-ci ! Non ! Ici on aime le Curé. Voyez plutôt ! tout le monde est là : hommes, femmes, enfants. Ils vont chercher processionnellement dans sa maison, qu'il a négligée pour s'occuper plus spécialement de la maison de Dieu, leur Pasteur, leur ami, leur Père. Tout à l'heure, au Saint Sacrifice de la messe, ils supplieront le ciel qu'il le conserve longtemps encore, pendant que lui, les mains levées, fera descendre d'en Haut, sur eux, les bénédictions du Dieu Eucharistique.

La messe est commencée, messe en musique, comme il est rare d'en entendre dans les campagnes, grâce au zèle intelligent et au talent musical du vicaire, M. l'abbé Godefroy. La réputation du prédicateur, le père Saudreau, de l'ordre des Frères Prêcheurs, autrefois élève de M. le Curé, nous promettait un sermon digne de la circonstance ; toutes les espérances ont été dépassées. Ce discours était plutôt un hymne ; le célèbre dominicain chantait en effet les gloires de l'homme de Dieu dans un langage brillant et pompeux, mais sans emphase ; le geste et la voix étaient en rapport parfait avec la noblesse des expressions.

L'exorde nous montra ce qu'étaient les noces d'or d'un prêtre, qui est avant tout l'homme de Dieu : *Tu autem homo Dei.* Pendant que les alliances humaines sont bénies de Dieu pour donner sa perfection à la vie naturelle, l'alliance divine donne la perfection à la vie surnaturelle. Le mariage fait de l'homme l'époux d'une femme, l'ordre fait d'un mortel l'homme de Dieu. Chantons les gloires du sacerdoce !

Ces gloires rayonnent de la divinité des pouvoirs du prêtre, de la sublimité de ses fonctions et de l'héroïsme de ses vertus.

L'homme de Dieu par excellence est Jésus-Christ, puisqu'il est l'Homme-Dieu ; c'est de ce Dieu homme que découlent les pouvoirs et les vertus du prêtre. Les trois grands pouvoirs conférés par l'ordre sont : de consacrer, de donner la vie surnaturelle, et de ressusciter cette vie spirituelle dans les âmes qui l'ont perdue. Les fonctions ou les missions de l'homme de Dieu ne sont que la mise en acte de ses pouvoirs ; ce sont des missions de prière, d'expiation, d'enseignement, de charité envers les corps et envers les âmes. C'est par l'exercice de ses fonctions que le prêtre devient vertueux, et plus il les exerce, plus il est vertueux, parce qu'il devient intercesseur, victime et bienfaiteur. Dans le développement de ces pensées, le père Saudreau a su louer le héros de la fête avec une délicatesse admirable ; car pendant qu'il décrivait les œuvres et les vertus de l'homme de Dieu, les auditeurs ne pouvaient s'empêcher de se dire : voilà ce que nous avons toujours vu pratiquer par M. le Curé.

Enfin, dans une péroraison sublime, l'orateur invite l'homme de Dieu à monter à l'autel, à exercer son pouvoir de consacrer, à remplir ses fonctions d'intercesseur. Aucune des paroles du R. P. Saudreau ne portait à faux. Tout l'auditoire était sous le charme d'une émotion réelle.

Après la messe, une procession, qui est une marche triomphale pour le Pasteur, s'organise rapidement. Les petites filles des écoles, suivies de la congrégation de la Sainte Vierge, marchent en tête ; toutes chantent sur l'air de la vendéenne le cantique composé par leur maîtresse la chère sœur Constance :

Amour à notre bon Pasteur...

Les petits garçons et les hommes formaient ensuite de longues lignes ; au milieu de leurs rangs, une escorte nombreuse, armée de fusils, avec tambours et trompettes, obéissait militairement à la voix de son chef, M. Joseph Bonnet. Plus de soixante prêtres entouraient M. le Curé et terminaient le cortège. Je n'ai pas parlé des femmes, on peut bien croire cependant qu'elles étaient là.

Les femmes du Longeron sont célèbres ; elles ont montré qu'elles savaient encore défendre leur foi. C'est l'usage ici de ne pas leur donner de place aux processions ; on est sûr qu'elles y viendront quand même et qu'elles resteront recueillies. Les unes forment un groupe compact à la suite du clergé, les autres, les mères avec les plus petits enfants, se tiennent sur le parcours du cortège. Aujourd'hui elles sont joyeuses, et regardant passer leur vénérable Pasteur, elles semblent lui dire avec une véritable satisfaction : « Voyez : voilà ce que nous avons fait pour fêter votre sacerdoce, et nous vous ménageons encore bien des surprises dans le reste de la soirée. »

La première partie de la fête était terminée. M. le Curé ne pouvait inviter à sa table tous ses paroissiens ; mais il n'avait pas voulu que ses noces d'or fussent une cause de gêne pour les pauvres ; d'abondantes aumônes faites les jours précédents avaient permis le repos de cette journée.

Les invités se rendent au presbytère, où M. le Curé allait leur servir un cordial festin. Un poète avait pour la circonstance écrit cette strophe sur la carte du dîner :

Pour célébrer sa cinquantaine,
Voici le menu du festin :
« Rires joyeux, gaieté sereine,
« Bons mots dits, tous avec entrain ; »
Voilà le menu du festin,
Préparé pour sa cinquantaine.

C'était un véritable programme, et certes il fut bien rempli. Les convives se sont plus d'une fois surpris, oubliant le proverbe : « Ventre affamé n'a point d'oreilles. »

Malgré le retard notable apporté à l'heure habituelle de leur repas, ils écoutaient avec un bonheur indicible les cantates, les compliments, les discours, que la reconnaissance et l'amitié faisaient éclore à chaque instant. Je ne parlerai, ni des cantates retraçant la vie de M. le Curé du Longeron, ni des vers de M. Grignon, curé de Nantilly, autrefois confrère et successeur de M. Terrier à Mongazon, ni du sonnet du père Branchereau, missionnaire à Saint-Laurent-sur-Sèvre ; on trouvera toutes ces poésies à la suite de ce compte-rendu. J'aurais voulu donner la chanson plaisante de M. le Curé de Torfou qui a été tant applaudie, je n'ai pu me la procurer ; il serait d'ailleurs impossible de rendre les gestes expressifs, les jeux de physionomie, les variations de cette voix, dont les intonations passaient des modulations de la flûte douce aux éclats du tonnerre. Mais voici de petits anges qui viennent chanter leur bonheur à leur père bien aimé; écoutons les : Dans un gracieux dialogue ils se font part des sentiments excités dans leurs jeunes âmes par les noces d'or de leur bon Pasteur. Ce qui frappait le plus c'était la fraîcheur des sentiments, la candeur des émotions et la naïveté du langage, qui distinguent cet âge heureux. Pendant qu'une voix innocente adresse à Dieu cette prière :

Mon Dieu conservez-nous ce digne et tendre Père,
Sur son chemin, semez de gracieuses fleurs ;
Rendez heureux ses jours, bien longue sa carrière :
Voilà notre désir et le vœu de nos cœurs.

on entend un grand bruit et des chants joyeux qui célèbrent les noces d'or; ce sont de petits marins. Le plus âgé n'a pas la moitié des années nécessaires à un jeune mousse. Ils viennent, disent-ils d'un long voyage; leur capitaine, brave vendéen, a pressé leur retour pour leur permettre d'assister à la fête de leur bon Curé; il leur a aussi appris quelques chants; le premier est en latin :

Optime Pater, tibi gratias. } bis.
A nobis accipe sincera vota. }

L'excellent capitaine, quelque peu poète, a aussi essayé un acrostiche sur le mot Luc.

Luc est le nom béni de notre bon Pasteur,
L'aimer et le chérir voilà notre bonheur.
Unissons nos doux vœux en ce jour d'allégresse ;
Célébrons sa bonté, célébrons sa tendresse.

Les marins lisent ensuite les inscriptions qui ornent la salle ; ce sont les dates mémorables de la vie de M. le Curé.

12 Février 1811, Baptême.

28 Octobre 1835, Ordination.

12 Février 1846, Nomination à la cure du Longeron.

28 Octobre 1885, Noces d'or.

Je laisse les petits marins sans leur donner toutes les louanges qu'ils méritent; je craindrais de blesser l'humilité de sœur Rose, qui avait transformé tout ce petit monde.

Le compliment et les chants des petits asiliens seront reproduits plus loin.

N'oublions pas que nous sommes à table, le dessert arrive et avec lui la série de toasts.

M. le Curé de la Tessoualle a parlé ; il m'est impossible de me taire. Avec sa verve gauloise, sa plume si délicate, si française, il nous a peint son maître chéri et redouté tout ensemble sous des couleurs si pittoresques et si variées, que chaque phrase était accueillie par des salves d'applaudissements. En vérité, il fallait que ce professeur fût beaucoup aimé, pour que l'élève sût tirer de son cœur et de son esprit, après cinquante ans de distance, des souvenirs et des accents si parfaits. Heureux professeur qui avait de tels élèves. Ce compliment mérite d'être cité tout entier, ce sera la meilleure louange.

M. Faucheux, supérieur de la communauté de Torfou, a voulu remercier l'ami toujours fidèle de la communauté ; M. Terrier, confesseur depuis trente-cinq ans, n'a jamais refusé un service ; le Longeron a fourni à Torfou plus de trente religieuses.

M. Jeanjean, curé de Villeneuve, était chargé de porter un toast au nom des paroissiens ; cet honneur aurait appartenu à M. le maire, mais M. Bonnet avait déjà parlé, quelques semaines auparavant, à l'occasion du baptême des cloches dont il était parrain ; il avait exprimé à M. le curé ses sentiments avec une exquise délicatesse. La tâche de M. le curé de Villeneuve était facile, il lui suffisait d'énumérer les œuvres de M. le Curé, de rappeler la touchante manifestation du matin. Il devait aussi parler au nom des prêtres du Longeron, tous élèves de M. le Curé, et ne pas oublier les nombreuses religieuses sorties de cette paroisse et formées par le Pasteur ; c'est ce qu'il a fait en y mettant tout son cœur.

M. le Curé de Montfaucon, avec son talent habituel, présenta les sentiments de sympathique affection de tous les prêtres du canton ; dans quelques paroles pleines de tact, il félicita le vénérable Curé du Longeron de ses cinquante années de sacerdoce si bien portées, de sa gaîté, de son amabilité, qui rendaient sa présence si agréable dans toutes les réunions ecclésiastiques.

Pour terminer, le père Saudreau, qui à la messe nous avait tenus sous le charme de son éloquence, voulut bien nous lire une pieuse et charmante poésie, où l'on reconnaît l'âme du dominicain et du prêtre, avec le souffle puissant de l'orateur.

Enfin M. le Curé, qui jusque-là avait dû se résigner à se laisser louer, prend la parole. Tout le monde se lève et s'approche; il remercie en termes émus, mais aussi avec sa belle humeur et sa finesse accoutumées, tous ceux qui, de près ou de loin, ont contribué à l'éclat de cette fête ; il a un mot heureux pour chacun, pour les présents et les absents; à M. le Curé de la Tessoualle, il montre un tableau un peu jauni par le temps, où toutes les notes de Jean Leblanc sont des *Optime*.

Cependant si douce et si gaie que fût cette réunion d'anciens élèves, d'amis, de confrères, il fallait songer à la séparation ! Les habitants du Longeron réclamaient leur Pasteur, qui allait devenir ainsi leur propriété le reste de la soirée ; on voulait le fêter encore.

A six heures, l'enthousiasme est à son comble. Les hommes en armes qui ont figuré à la procession sont de nouveau réunis, toute la paroisse est là. M. le Curé parait ; des acclamations partent de tous les rangs et se répercutent de minute en minute, avec un élan toujours croissant. A partir de ce moment M. le Curé du Longeron, s'il ne l'avait déjà su, aurait pu se convaincre, à n'en pouvoir douter, qu'il était aimé de ses paroissiens. Et en présence de telles manifestations, ne m'est-il pas permis de lui faire dire ces paroles, qui tombaient de ses lèvres à la fin du banquet ; il était question de l'affection mutuelle du maître et des élèves : « Je savais bien que je les aimais disait-il, je soupçonnais même qu'ils m'aimaient, eux aussi, je ne croyais pas qu'ils m'aimaient tant. » Oh ! M. le Curé, soyez sans crainte, le Longeron vous aime ! Une cinquantaine célébrée de la sorte en est la meilleure preuve ! Mais continuons. Il y a seize feux de joie préparés à tous les coins du bourg et sur toutes les places, les uns sont pavoisés d'oriflammes, les autres portent des couronnes de lanternes vénitiennes. Toutes les maisons sont illuminées; partout des lampions, des lanternes vénitiennes, des transparents ; les maisons éparses au milieu des jardins sont ornées et illuminées comme celles qui bordent les rues. C'est magnifique d'agencement, magnifique d'enthousiasme. Il ne peut en être autrement, tout le monde a mis la main à l'œuvre.

Voici, pour ceux qui connaissent le Longeron, le parcours suivi par le cortège ; ce cortège n'a pas le recueillement de la procession du matin, c'est une ovation joyeuse.

M. le Curé se rend sur la place de la mairie; il est accompagné de M. Bonnet maire du Longeron, du R. P. Saudreau, des prêtres du Longeron et de plusieurs autres ecclésiastiques. Les hommes en armes forment la haie et toute la population se tient derrière en rangs pressés. Ici comme à toutes les stations, il y a pièce d'artifice, feu de joie et décharge de mousqueterie. Le clairon sonne la marche : en avant ! Nous passons devant l'église sans nous y arrêter, parce que là doit se terminer la fête. Sur la place du Marché, nouvelle halte, la pièce d'artifice représente les initiales de M. le Curé. Après une pointe poussée dans la direction de l'école des frères, nous allons à la route de Champ Blanc, non sans allumer plusieurs feux sur le parcours. La foule augmente, les acclamations redoublent. Les dernières étincelles du feu d'artifice nous invitent à partir. Nous voici dans la rue Baudrière : un hangar transformé en chapelle ardente, avec saint Joseph au centre, décoré fort habilement et éclairé aux flammes de bengale, arrête un instant la foule. Après une invocation à saint Joseph, nous poursuivons notre marche toujours éclairés par l'illumination et les feux que M. le Curé allume à chaque intersection des rues. A l'Arceau, chant en l'honneur de la Sainte Vierge, puis comme partout, feu d'artifice, feu de joie, feu de peloton. Et en avant, dans la direction du grand Calvaire ; nous nous arrêtons plusieurs fois pour allumer des feux. De loin, un vaste incendie doit sembler parcourir le Longeron. La croix qui domine tout le pays est tout à coup brillamment illuminée par une pièce d'artifice à grand effet. Les feux ont pâli, c'est une invitation à aller en allumer d'autres. Passons devant la maison des sœurs ; le feu préparé devant leur porte sera pour le retour. Sur la place située un peu au-delà se tire le bouquet du feu d'artifice ; pendant un instant tout le bourg est recouvert d'un dôme resplendissant, les étoiles semblent se détacher du ciel et descendre vers nous. Le bourg tout entier est parcouru ; les acclamations de, vive M. le Curé ! se font encore entendre ; si elles diminuent, c'est que la foule a déjà commencé à entrer dans l'église, qui retentit à son tour de cantiques d'allégresse. Le père Saudreau, dans une allocution éloquente, résume les impressions de la journée qui ne sera pas une des moins bonnes de la mission, car si la joie a éclaté, il n'y a pas eu de dissipation, et c'est Jésus-Christ qui a été fêté dans son ministre. Deo gratias ! Alleluia ! tel a été le texte et la conclusion de ce discours. La bénédiction solennelle du Saint Sacrement termine la fête ; ceux qui en avaient été témoins disaient en s'éloignant : Heureux Pasteur ! heureux troupeau ! vous garderez toujours l'un et l'autre le souvenir de ces Noces d'or, où vos cœurs ont été si étroitement unis dans une commune joie.

Ce compte-rendu, sauf quelques additions, est la reproduction de l'article publié dans la Semaine religieuse *d'Angers par M. Rousselot, vicaire à Saint-Pierre de Cholet. M. Bougère, curé de Saint-Pierre, vieil ami de M. le Curé du Longeron, a beaucoup contribué à l'organisation de la fête ; qu'il en soit remercié. Dans l'impossibilité de remercier tous ceux qui ont pris une part active à la fête, nous ne nommons personne. Une exception nous sera permise en faveur de M. Bonnet, qui avait bien voulu fermer ses ateliers, pour permettre à ses nombreux ouvriers d'assister aux diverses manifestations de cette journée.*

LA CINQUANTAINE DU BON PASTEUR

Pasteur, il vous souvient du jour trois fois heureux,
Où votre âme à Jésus s'enchaînait de doux nœuds !
Pour la première fois votre main consacrée,
Élevait sur l'autel la Victime adorée ;
Un bonheur ineffable alors vous inondait ;
A flots, de votre cœur l'extase débordait :
On eût pu voir vers vous se pencher le bon maître,
Et l'ange s'incliner devant le nouveau prêtre,..
Mais depuis ce beau jour, cinquante ans ont passé ;
Un immense trésor depuis s'est amassé.
Ensemble, parcourons votre longue carrière ;
Sans crainte vous pouvez regarder en arrière.
Saint Pasteur ! quel remords en vous s'éveillerait ?
Dieu, vous l'avez servi ; le bien vous l'avez fait.
Qui parmi nous sema le grain de l'Évangile ?
Qui nous fit du Seigneur trouver le joug facile ?
Dans le chemin du ciel, qui dirige nos pas ?
Qui nous fit entrevoir la palme des combats ?
Quelle voix adoucit les pleurs et la souffrance,
Et quelle main toujours s'ouvrit à l'indigence ?
A qui le Longeron doit-il ses bonnes sœurs
Et les maîtres zélés formant nos jeunes cœurs ?
A qui doit-il encor ses gentilles chapelles,
Sa ravissante église et ses cloches nouvelles ?
Cet asile béni où les petits enfants,
Gravent la loi de Dieu dans leurs cœurs innocents ?
Ah ! notre bienfaiteur, mille voix l'ont nommé :
C'est le prêtre du Christ, le Pasteur bien aimé,
Que la sagesse inspire et la charité presse,
Qui donne à son bercail sa vie et sa tendresse ;

Qui depuis quarante ans, fidèle à son troupeau,
Ne l'a point échangé pour un autre plus beau,
Et, malgré ses talents, sa profonde science,
A notre humble bercail donna la préférence.
Vous semez les bienfaits et voici la moisson :
O Père, c'est l'amour, la vénération ;
Ce sont les chants émus de la reconnaissance,
Les larmes du bonheur, les vœux de l'espérance !
Mon Dieu, dans cette fête entends le cri du cœur,
Donne encor de longs jours à notre saint Pasteur.

Les petits Asiliens du Longeron

De ce beau jour qui redira les charmes ?
Qui chantera ses suaves douceurs ?
Bien loin de nous bannissons les alarmes,
Semons partout des parfums et des fleurs.

Refrain

Que jusqu'à Dieu monte notre prière,
Que notre voix redise un chant d'amour ;
C'est aujourd'hui que nous fêtons un Père,
Pour ses enfants, ah ! que c'est un beau jour !

Aussi, voyez, la paroisse est en fête,
Pour vous chanter tous les cœurs sont d'accord ;
A vous bénir déjà chacun s'apprête,
Et l'on redit : Ce sont ses Noces d'or.

Oh ? qu'elle est riche et belle la couronne
De cinquante ans passés près de l'autel ;
Combien plus riche est celle que Dieu donne
A vos vertus ! vous l'aurez dans le ciel.

Que le Seigneur, dans sa bonté suprême,
Daigne à vos jours en ajouter autant,
Et vous verrez ce peuple, qui vous aime,
Fêter encor vos Noces de diamant.

CHANT DES ENFANTS

EN L'HONNEUR DU BON PASTEUR

La voix de la reconnaissance,
De nos cœurs s'élève en ce jour ;
Au doux ami de notre enfance,
Cette voix redit notre amour.
Du bon Pasteur, du tendre Père,
Nous célébrons les noces d'or.
Longtemps, longtemps sur cette terre,
Puissions-nous le fêter encor.

PREMIER CHOEUR

En ce beau jour, douce prière,
Pour le Pasteur, envole-toi,
Envole-toi, douce prière,
Au ciel, au ciel envole-toi.

Au bon Pasteur, troupeau fidèle,
Payons le doux tribut du cœur.
De sa charité, de son zèle,
Chantons la grâce et la douceur.
Pour Dieu dans la sainte milice,
Il combat depuis cinquante ans ;
Il a vécu de sacrifice,
Se consumant pour ses enfants.

DEUXIÈME CHŒUR

De notre âme reconnaissante,
Douce prière, envole-toi,
Monte comme la flamme ardente,
Au ciel, au ciel envole-toi.

Au bon Pasteur rendons hommage,
Et pour fêter ce jour heureux,
Qu'à la vieillesse le jeune âge
S'unisse en des concerts joyeux.
Aux fleurs empruntons leurs symboles,
Mélangeons leurs vives couleurs,
Moissonnons leurs fraîches corolles :
Ah ! qu'elles parlent pour nos cœurs.

TROISIÈME CHŒUR

Entre nos mains, rose embaumée,
Pour le Pasteur effeuille-toi,
Et dans la brise parfumée,
Vers le Seigneur envole-toi.

Oui, dans cette fête bénie,
Enfants, formons mille souhaits,
Pour celui dont la main chérie
Épanche sur nous des bienfaits.
Que toujours, le Seigneur lui donne
Santé, longs jours, paix et bonheur.
Que son troupeau soit sa couronne,
Couronne de joie et d'honneur.

DERNIER CHŒUR

Envole-toi, douce prière,
Avec nos vœux et notre amour.
Que Dieu nous garde notre Père.
Qu'au ciel, au ciel il règne un jour.

NOCES D'OR DE MON PÈRE

SALUT ! SALUT ! ! SALUT ! ! !

Noble Prêtre ! en ce jour, sœur Marie-Exupère,
Ose glisser sa note en ce concert si doux !
C'est un chant de famille où l'on fête mon Père,
Entre mes sœurs, dès lors, j'ose venir à vous.

Salut, Pasteur béni, dont la foi, dont le zèle,
De mon cher Longeron font si beau le séjour !
Oui ! j'en garde à Roubaix la mémoire fidèle :
Rien ne saurait ternir ces souvenirs d'amour !
De la colombe, hélas ! que n'ai-je la vitesse !
En hâte, vers l'Anjou, je prendrais mon essor :
Mon aile, obéissant au désir qui me presse,
Où je naquis, un jour me porterait encor.
Non !!! Bon ange, du moins, de ton aile légère,
Pars au pays natal, et pour bouquet de fleurs
Entre les doigts sacrés du saint qui fut mon Père,
Remets en ce grand jour les souhaits de nos cœurs :
Et puis, pour mon Pasteur, va faire ta prière,
Sur ce coin de l'Église, où Lui, prêtre pieux,
A mon front, de la Croix grava le caractère ;
Là, tu portais mon nom au registre des Cieux !
Un jour, dix ans plus tard, au beau jour de ma vie,
Tendre ami, tu voyais, partageant mon bonheur,
Sur tes ailes, venir ma jeune âme ravie,
A l'autel d'où Jésus descendit dans mon cœur.
La main qui me l'offrit fut la main de mon Père...
Un tel moment, qui seul vaut mille jours sur terre,
Toujours du Père aimé, m'offrant le souvenir,
Sous les brumes du Nord, m'excite à le bénir !
Ah ! que le Longeron, dans une sainte ivresse,
Là-bas chante son nom, ses vertus, sa tendresse !
Une fête l'attend, plus radieuse encor :
Tout le Ciel avec moi fera ses Noces d'or.

LETTRE DE MLLE JULIETTE PINEAU

Monsieur le Curé,

Quand tout le Longeron vous vénère et vous fête,
Ma jeune voix aussi joyeusement s'apprête
A vous complimenter, à vous offrir ses vœux :
Ce sont vos noces d'or, et nos cœurs sont heureux !
En ce jour on vous loue en prose, en poésie,
Et ma petite lyre a bien peu d'harmonie,
Pour joindre ses accents à ce concert d'honneur,
Auquel a tant de droits l'apôtre et le Pasteur.
Mais le plus cher devoir, auprès de vous m'amène :
Ne dois-je pas me faire en votre cinquantaine,
L'interprète de ceux, hélas ! qui ne sont plus,
De mes parents aimés, que vous avez connus !
Je suis le souvenir, et je suis l'espérance ;
C'est à moi d'exprimer notre reconnaissance,
Qui date, je le sais, au moins de quarante ans :
Merci de vos bontés, pour tous ces chers absents.
Mon amour filial nomme surtout ma mère,
Que vous n'oubliez pas, ô vénérable Père !
Daignez me conserver cet intérêt pieux,
Que vous avez porté jadis à mes aïeux...
De mon pensionnat, je prends part à la fête,
Et si vous retrouvez sur ma petite tête,
Le souvenir vivant d'un passé déjà loin,
Ma jeune âme et mon cœur éprouvent le besoin
De vous dire en ce jour de votre cinquantaine :
Vivez, ô bon Pasteur, jusque à la centaine !
Oui restez ici-bas, restez pour nous bénir,
Pour nous donner vos soins, et pour me voir grandir ;
Vous n'avez rien perdu de votre ardeur première :
Même zèle, toujours, en votre ministère ;
Vos ans et vos vertus se chanteront encor
Bien longtemps, je l'espère, après vos noces d'or !...

Juliette Pineau.

***

Deux écussons qui ornaient la maison de M. Pineau, portaient les vers suivants :

A l'apôtre, au Pasteur, au vénérable Père,
Que depuis quarante ans le Longeron vénère,
Respect, honneur, amour; et daigne le Seigneur
A sa vie ajouter des jours et du bonheur.
Tous nos cœurs, en fêtant sa chère cinquantaine,
Redisent à l'envi : jusqu'à la centaine !
Car nous voulons chanter dans cinq lustres encor,
Ses ans et ses vertus, comme dans ses noces d'or.

Heureux, trois fois heureux le peuple à qui Dieu donne
Un prêtre aussi rempli de zèle et de talents.
Aimé, béni de tous, l'estime l'environne ;
De leur Père, à bon droit sont fiers tous ses enfants ;
Lui seul en est surpris... son mérite, il l'ignore :
Dans le ciel est placé son trésor précieux,
Et son humilité jette le voile encore
Sur l'éclat de ce jour à jamais glorieux !...

SONNET DU PÈRE BRANCHEREAU

Au milieu des transports d'une fête si belle,
Afin de ne pas être un spectateur muet,
Je voudrais bien offrir, comme une fleur nouvelle,
A mon vieux professeur, un gracieux sonnet.

Mais quand l'art poétique a fui de ma cervelle,
Et que soixante hivers ont blanchi mon toupet,
Comment de bonne foi, ma muse pourrait-elle,
Tirer quatorze vers du fond de mon bonnet ?

Ma tête est froide, soit, je l'accorde sans peine,
Mais mon cœur ne l'est pas, et c'est là qu'est la veine,
D'où partent de l'amour les véritables traits.

Hommage à toi de ma victoire,
Cher et bon père Luc, dont la douce mémoire
De mon cœur d'écolier ne s'effaça jamais.

TOAST DE M. GRIGNON

Curé de Nantilly, à Saumur

En l'an mil huit cent onze, au douze février,
Dans la Vendée, au May, la famille Terrier
Venait de recevoir, enfant de la prière,
Un petit nouveau-né. Dans le cœur de la mère,
Bientôt se fit entendre un bel ange des cieux,
Qui lui dit : cet enfant pour vous si précieux,
A la voix du Seigneur sera toujours docile,

Saint Luc sera dans le ciel son patron,
Il prêchera comme lui l'Évangile,
Et deviendra curé du Longeron.
Quand l'enfant eut grandi, déjà plein de sagesse
Et riche de talents, élève de Beaupréau,
Il fut aimé de tous, dès sa tendre jeunesse,
Même de ses rivaux. Tous les ans le plus beau
De tous les prix le couronnait de gloire.
Un rival seul, disputait sa victoire ;
C'était Félix Fruchaud, qui, plus tard fut curé
A Saumur, puis ensuite illustre et vénéré
Vicaire général du Seigneur d'Angoulême,
Évêque de Limoge, archevêque de Tours,
Puis il est mort ! Terrier fut modeste toujours,
Et sans porter envie à cet honneur suprême,
Crut aussi beau pour lui, mais surtout non moins bon,
De devenir curé du Longeron.

Quand il eut terminé de sa théologie
Le cours si sérieux, par Monsieur Mongazon,
Dont elle a pris le nom, une maison bénie
A la porte d'Angers allait être bâtie,
Pour recueillir les débris de Beaupréau.
Il y fut envoyé par Monseigneur Montault.
C'est là qu'il fut professeur de troisième ;
Toujours plein de gaieté, son cœur toujours aimant
Faisait plaisir à tous ; mais le bonheur suprême
Fut dans ces jours, pour le papa Sergent.
Grâce au poète, il aura seul la gloire
De voir son nom buriné dans l'histoire ;
Et j'en suis sûr, du haut de son Prunier
Il chante, il chante encor les vers de Luc Terrier.
C'est là que je l'ai vu, qu'avec ce bon confrère
Je passai d'heureux jours ; c'est là que j'eus l'honneur
D'être son cher collègue, et puis son successeur.
Ce ne fut pas sans une peine amère,
Qu'il nous fit ses adieux, et vers Maulévrier,

Il dirigea ses pas : il y resta vicaire,
Pendant plus de trois ans ; au douze février,
De sa naissance heureux anniversaire,
Il y reçut sa nomination,
Pour devenir curé du Longeron.
Et maintenant après cinquante ans de prêtrise,
Cinquante ans à servir Jésus-Christ, son Église,
Il est beau de le voir conservant sa vigueur ;
Son corps n'est pas courbé sous le poids des années ;
Il se tient droit. Les âmes fortunées,
Dont depuis quarante ans il est le bon Pasteur,
Le voient toujours le même. Aujourd'hui le Seigneur
Qui réjouit jadis les jours de sa jeunesse,
Vient encore épancher sur sa verte vieillesse,
Ses grâces, ses faveurs, sa bénédiction :
Il est toujours curé du Longeron.

. . . .

. . . .

Cependant, cher ami, de votre belle vie,
Non, Dieu ne voudra pas, s'il écoute nos vœux,
Trop vite couronner les travaux ; et Marie,
La mère de Jésus, patronne de ces lieux,
Obtiendra de son fils des jours bien plus nombreux ;
Et, dans cette paroisse et si belle et si bonne,
Vous pourrez bien longtemps embellir la couronne,
Que pour vous Dieu prépare au royaume des Cieux.
Plus tard, auprès de vous, pourvu que Dieu nous donne
Encore dix ans de vie, ici nous reviendrons,
Pour célébrer votre autre cinquantaine,
Comme curé. Ni fatigue ni peine,
N'arrêteront nos pas. En attendant, prions,
Pour que l'ange, aujourd'hui, qui chez vous nous amène,
Avec l'ange du May, l'ange de Mongazon,
Et l'ange de Beaupréau, dans dix ans nous ramène,
Vous y revoir encor curé du Longeron.

La chanson suivante est une imitation de celle que M. Terrier a composée en l'honneur du bon M. Sergent; elle a été chantée au dîner de la Cinquantaine par Messieurs les Vicaires du canton.

C'est téméraire à mon âge,
Je le sens très bien;
Mais pardon ! je rends hommage
A notre doyen.
Grande, immense est la matière;
Courons à grands pas;
Sans quoi, la soirée entière
Ne suffirait pas (*bis*).

A l'école, la lecture
Est sue en deux jours.
Voyez-le sur l'écriture,
Il prime toujours.
Vivrait-il cent ans sur terre,
Que sa belle main
Brimerait le fin notaire
Et tout écrivain (*bis*).

Au collège, en vers, en thème
Presque sans rival;
Virgile, Homère et Barême
Pour lui, c'est égal.
Aussi, ce n'est pas mensonge,
Je le sais de dix,
Ses bras ont besoin d'allonge
Pour porter ses prix (*bis*).

Mongazon, tu sais l'histoire
De ses plus beaux faits;
Vous, Messieurs, faites sa gloire
Par tous vos succès.

Silencieux et sévère,
Sobre dans ses ris;
Mais à la justice austère,
Jamais de dénis (*bis*).

Son regard, son silence,
Faisaient travailler;
N'eut-il pas aussi la science
De se faire aimer?
Si parfois son front, sa veine,
Faisaient tout trembler;
L'Esprit Saint changeait sans peine
Faciem Terrier (*bis*).

Nommé vicaire, on le fête,
Paul l'a répété :
C'était la troisième tête
De tout le clergé.
Il fut prince de l'Église,
Son premier rival;
De lui je veux qu'on dise :
Il est cardinal (*bis*).

Le Longeron eut bien vite
Connu son pasteur,
Son talent et son mérite
Et surtout son cœur.
Jour et nuit son ministère
Le trouve debout;
Fut-il jamais sans rien faire?
Il est bon à tout.

Au chœur, en chaire, à la messe,
Chantant le Seigneur,
Sa pieuse voix sans cesse
Touche l'auditeur.
Il court, il vole où l'appelle
L'infirme en danger,

Et du cavalier en selle
　　Lasse le coursier (*bis*).

La chaleur ou la froidure
　　Ne peut l'arrêter,
Nul cours d'eau, nulle clôture
　　Qu'il ne peut sauter.
Moins légère est la gazelle
　　Devant le chasseur;
Et dans son vol l'hirondelle
　　Rencontre un vainqueur (*bis*).

Accueillez, ô bon confrère,
　　Ce nouvel honneur,
Ici je vous considère
　　Comme bâtisseur;
Conducteur, maçon, manœuvre,
　　Jeune et vigoureux,
Il jette, il sème son œuvre
　　En tous temps et lieux (*bis*).

C'est d'abord la Basilique
　　Qu'il faut édifier;
Elle est belle, elle est unique,
　　Venez l'admirer;
Toute chose est à sa place
　　Ornement, couleur,
L'Église en un mot retrace
　　L'âme du pasteur (*bis*).

Aux champs des morts, aux calvaires,
　　Jésus rédempteur,
Du bois, du fer et des pierres,
　　Reçoit gloire, honneur;
Là-bas, la Vierge bénie,
　　Sous de durs rochers,
A Lourdes invite et convie
　　Tous les ouvriers (*bis*).

Saint Joseph a sa chapelle,
Œuvre du ciseau,
Et plus loin ce qu'on appelle
Un petit arceau.
Partout la pierre de taille
Et le dur grison;
A lui, bien sûr la médaille
Du solide et bon (*bis*).

Des murs gardent sa prairie,
Ses fruits et ses fleurs;
Sa maison est agrandie,
Il a dix logeurs.
L'enfance lui doit l'asile,
Le bourg son lavoir :
Qui procure en tout l'utile
A le vrai savoir (*bis*).

Bon Pasteur, en cette fête,
Recevez nos vœux :
Ayez la santé parfaite,
Soyez bien heureux.
Pour fêter la Cinquantaine,
Nous nous unissons;
En attendant la Centaine,
Nous vous chanterons.

Félix Rousselot.

La cantate suivante a été chantée en trois parties, pendant le dîner, par les jeunes gens du Longeron, sous la direction de Monsieur l'abbé Godefroy, vicaire de la paroisse.

Amis de tout âge,
Venez rendre hommage
A ce bon Pasteur.

Chantons notre Père;
D'un beau ministère,
Célébrons l'honneur.

CHŒUR

Avec allégresse,
Que l'amour nous presse
Autour du Pasteur;
Célébrons la fête;
Que chacun répète :
A lui notre cœur.

Louons sa mémoire;
A chanter sa gloire,
Consacrons ce jour.
En reconnaissance
De sa bienveillance,
A lui notre amour.

Vieillard plein de force,
Dans le Sacerdoce
Il a cinquante ans.
Mon Dieu je t'implore,
Qu'avec nous encore
Il vive longtemps.

Sa vie est féconde
Pour nous, elle abonde
En nobles travaux.
Que Jésus lui donne,
Plus tard, la couronne,
L'éternel repos.

J.-B. Godefroy.

HOMMAGE DE M. HY

CURÉ DES ALLEUDS

A M. LE CURÉ DU LONGERON

Oh ! ma lyre, bientôt là-bas ce sera fête,
Auprès d'un vénéré Pasteur...
Devançons ce beau jour, ne reste pas muette,
Et puisons quelques mots au bon endroit du cœur.

Vois-tu ce vénérable prêtre ?
La vigueur de la vie, on la lit dans ses yeux !
A cet âge, où beaucoup songent à disparaître,
Luc est droit, il est jeune, il est tout radieux !

Ah ! pour ce vieux du sanctuaire,
Sa vie, il la retrempe aux combats du Seigneur.
« Pour Dieu, dit-il toujours, pour Dieu faisons la guerre »,
Voilà d'où vient à Luc, sa force et sa vigueur.

A ce point de la vie, il le faut reconnaître,
D'autres sont arrivés marchant depuis longtemps,
Mais non pas sans faiblir, sans s'incliner peut-être.
Pour ceux-là c'est l'hiver, pour Luc c'est le printemps !

Non, tu n'es pas la vieillesse,
Saison qu'amènent les ans ;
Sur son front, c'est la jeunesse,
Qu'honorent des cheveux blancs.
Sa démarche est toujours leste,
Il n'a pas besoin d'appui ;
Bon pied, bon œil, tout lui reste,
Même esprit, même cœur... Oh ! c'est bien toujours lui !

Esprit plein de verve et de charmes,
Qui sait mieux célébrer, avec plus de bonheur,
D'un vrai preux les brillants faits d'armes,
Et les plus beaux traits d'un noble cœur ?
Tu t'en souviens, vieux militaire,
Brave Sergent, bon pasteur de Pruniers,
Toi qu'il chantas dans la cruelle guerre
Où tu fis moisson de lauriers !

Et son cœur... un jardin où tout se renouvelle,
Où tout revêt les plus fraîches couleurs !
Tout y croit, chaque jour, d'une grâce plus belle ;
Les ans s'y sont posés, mais sans courber les fleurs !

Son cœur se donne à tous, au vieillard, à l'enfance...
On ne sait de quels noms charmants,
Amour, dévouement, bienfaisance,
Baptiser de ce cœur les pieux sentiments !

Lorsque la gloire couronne
Le front d'un vaillant soldat,
La foule qui l'environne
Resplendit de son éclat.
Ainsi, ta gloire, ô prêtre vénérable
Qui jaillit de ton front si beau,
Elle brille partout. partout impérissable,
Surtout au front de ceux qui forment ton troupeau !

Honneur à toi, vaillant de la sainte milice,
Qui ne connus jamais ni repos ni douceurs !
A ton poste toujours, toujours à ton service,
Honneur à toi, modèle des Pasteurs !

Non, tu n'as pas encor jeté toute ta flamme,
Et Dieu veut dans son champ d'habiles ouvriers ;
Va donc... Plus que jamais, le maître te réclame,
Va cueillir de nouveaux lauriers !

Entends-tu, près de nous, toujours gronder l'orage...
Pour affaiblir ton bras, les ans ne peuvent rien.
Ont-ils jamais manqué de zèle et de courage,
Les cœurs trempés comme le tien?

Vis longtemps... que l'orage, ou s'irrite ou s'apaise,
Le maître qui te veut, saura bien y pourvoir.
Aujourd'hui comme hier, tu vois, rien ne te pèse ;
Ton armure te porte... elle a nom le Devoir!

Vis longtemps, pour nous dire où puiser confiance,
Où ranimer nos cœurs par la lutte abattus.
Et pour savoir semer la divine semence,
Ne faut-il pas, à nous, des types de vertus?

Oui, longue sera sa vie,
Il combattra jusqu'au bout.
Il n'a qu'une seule envie :
Mourir en restant debout!!
Pour Lui l'avenir prospère
Ouvre son riche trésor ;
Et son troupeau, sur la terre,
Lui prépare un âge d'or.

Sur son front que rien n'altère,
Neige, tu peux donc venir!
Tu peux tomber, doux mystère...
Sans craindre pour l'avenir...
Sa voix toujours paternelle,
A conservé sa vigueur ;
Elle est toujours l'étincelle,
Qui part et brûle le cœur!

Neige, embellis son visage,
Tombe enfin, puisqu'il le faut,
Sans éteindre, en ton passage,
Ce sol ardent, toujours chaud!

Là se refera sa sève,
A l'ombre de ton manteau,
Et Luc, ce n'est point un rêve,
Revivra plus fort et plus beau !

Viens garantir le vieux chêne,
Des frimas et des hivers,
Pour qu'à la saison prochaine,
Il pousse des rameaux verts.

Oui, neige, viens,.. tu seras la couronne,
De ses soixante-quatorze ans ;
Mais dis-lui bien que c'est l'automne,
Et qu'il verra d'autres printemps !...

L'ÉGLISE PAROISSIALE

Au milieu des flots de lumières,
A travers l'encens et les fleurs ;
Aux grandes voix des cloches fières,
Répondant au cri de nos cœurs,
Escorté d'un peuple de prêtres,
En vêtements sacerdotaux ;
Serviteur du maître des maîtres,
Roi sous des ornements royaux,
Dans cette église si splendide,
Que tu fis en rêvant du ciel,
Le cœur enivré, l'âme avide,
Prêtre auguste, monte à l'autel !

Au cinquantième anniversaire,
D'un règne aimé de ton troupeau,
Monte offrir le Sacré mystère,
Monte offrir le divin Agneau !

C'est lui qui, mourant pour le monde,
Projette sur le genre humain
Dans une misère profonde,
Le reflet du Soleil divin.
Il met sur toi, Pasteur et Père,
Un rayon de sa majesté,
Sur ton auguste caractère
Une empreinte de sa bonté.

Ah ! si brillante fut l'aurore,
Paraissant pour la première fois,
Lorsque Dieu dit aux fleurs d'éclore,
Aux vagues d'élever leurs voix ;
Aspirant aux plus hautes cimes.
Si l'aigle est fier volant au ciel ;
Montant aux mystères sublimes
Plus grand est le prêtre à l'autel !
Rien ne peut mieux faire connaître
L'éclat dont brilla le Thabor,
Que cette église et que ce prêtre,
Qui célèbre ses noces d'or !

LA CHAPELLE DE NOTRE-DAME-DE-LOURDES

La lune errante au firmament,
Sourit aux blanches Pyrénées ;
Les eaux du Gave illuminées,
Ont tout l'éclat du diamant.

L'on voit à Lourdes mille cierges
Remplir la grotte de lueurs,
Bien faible image des splendeurs
Que répand la Vierge des Vierges.

Car tout ce qui charme les yeux,
Ravit le cœur, transporte l'âme ;
N'est qu'un rayon de cette femme,
Dont l'aspect enchante les cieux.

Et cette femme est notre mère,
Du ciel qu'atteignit son essor,
Sa tendresse protège encor
Notre incomparable misère !

Semblables à ces pèlerins,
Qui vont portant bourdons et gourdes,
Saluons la Vierge de Lourdes
Tenant le Rosaire en ses mains.

Notre âme serait plus flétrie,
Que l'herbe qui sèche au grand jour ;
Si nous la laissions sans amour : —
Et pour amour — Voilà Marie !

O toi, qu'on invoque en ce lieu,
Sous le nom de l'Immaculée ;
Fontaine et Lys de la vallée,
Toi la Vierge Mère de Dieu !

Combien tu dois te montrer belle
A ce vénérable Pasteur,
Qui t'a creusé suivant son cœur
Dans un beau roc une chapelle !

C'est pour sa paroisse un trésor...
Accorde-lui, suave Mère,
La vieillesse la plus prospère,
Pour son cadeau de Noces d'or !

LA CHAPELLE DE SAINT-JOSEPH

Époux de la Vierge Marie,
Honneur de sa Virginité,
Gardien de la terre fleurie,
Appui de sa Maternité !

Grand chêne ombrageant l'humble lierre,
De Jésus berçant le sommeil ;
Nuage voilant la lumière
Qui rayonne du vrai soleil !

Instrument puissant et sonore,
Guidant le chant mélodieux,
Que l'oiseau répète à l'aurore
Et l'âme virginale aux cieux !

Conservant comme dans une arche,
Toutes les grandeurs et vertus...
Tel fut Joseph le Patriarche
Près de Marie et de Jésus.

O toi, que la Sainte Famille,
Reconnaissait comme son chef ;
Toi, dont la vie obscure brille
Plus que la gloire, ô Saint Joseph !

Charmé de ce bel oratoire,
Que cet homme de l'Éternel
A fait élever à ta gloire,
Puisses-tu le rendre immortel !

Et pour les Sœurs et pour les Frères,
Du père Grignon de Montfort,
Dont les écoles sont prospères
Par son zèle puissant et fort ;

Et pour la nombreuse famille
De prêtres qui sont ses enfants ;
Saluant l'aurore qui brille
Avec ses soixante-quinze ans ;

Et pour ses brebis fortunées,
Qui célèbrent ses noces d'or :
Seigneur, que de longues années,
Nous puissions le voir encor !

Dans ce toast de longue existence,
Nul ne crie avec plus de cœur :
Louange, amour, reconnaissance,
Que son fils — le Frère Prêcheur !

DISCOURS DE M. LEBLANC

CHER ET VÉNÉRÉ MAITRE,

C'est une témérité de ma part de prendre ici la parole. Je devrais vous laisser sous l'impression produite par l'éminent orateur qui, en vous faisant, avec toutes les délicatesses du cœur et du langage, le portrait du bon pasteur et du saint prêtre, a su si fidèlement reproduire le vôtre. Mon silence serait pour vous ma louange la meilleure, pour moi, du moins, la plus prudente : *silentium tibi laus*. Mais, puis-je oublier ce que je vous dois, les soins affectueux prodigués à notre jeunesse, le dévouement sans bornes dont nous avons été l'objet de votre part? Cinquante ans n'ont pu en effacer le souvenir de notre cœur. J'essayerai donc de glaner quelques épis dans le champ si fécond de votre jeunesse sacerdotale, consacrée à l'enseignement avec le succès que nous savons tous; heureux de vous offrir ma gerbe pour bouquet de fête et comme un acompte sur notre reconnaissance.

C'était en 1834; arbitrairement fermé après un passé glorieux, gage d'un avenir plus brillant encore, le collège de Beaupréau renaissait à Angers sous le nom de petit séminaire Mongazon, nom vénéré et béni qui était à lui seul une garantie de succès. L'événement l'a bien prouvé. L'année prochaine Mongazon doit aussi célébrer ses noces d'or. Nous en fûmes les premiers élèves, et vous fûtes notre premier maître. Après nous avoir fait la sixième et la cinquième, vos mérites devançant nos progrès, vous fûtes nommé professeur de troisième. C'est là, qu'après une année d'intervalle, nous nous retrouvions à notre satisfaction, à tous; c'est là qu'achevèrent de se former ces liens d'affection mutuelle qui ne se briseront que par la mort. Ce fut pour nous une bonne fortune de passer trois années sous un tel maître, et quelles années? Les années d'alors ne ressemblaient pas aux années d'à présent. Aujourd'hui, une année de collège c'est une pièce en trois actes, avec autant de vacances pour entr'actes. De notre temps, nous ne sortions qu'après l'Assomption pour rentrer dans la première semaine d'octobre, et une fois rentrés c'était pour ne plus sortir de l'année. Pendant plus de dix mois, nous n'avions pas un instant de répit. Des thèmes et des versions, du latin et du grec autant et plus que nous en voulions. En classe, au lieu de nous donner le temps de repasser nos leçons, vous nous donniez vingt lignes de grec à traduire. Et dire que pendant trois années nous n'avons jamais surpris sur vos lèvres le commencement d'un sourire. Ah! Messieurs, c'était un terrible homme que le père Luc! qui le croirait aujourd'hui? Je vous vois encore, cher maître, avec vos lèvres pincées, vos yeux fins et profonds, vous tenant droit comme un I. Votre barbe, comme celle de saint Martin, au dire de saint Bernard, n'était pas toujours fraîche faite ; votre chevelure peu cultivée se prêtait avec peine aux efforts de l'art : *crine incultus*, *facie despicabilis*. Il faut vous rendre cette justice : vous n'avez jamais été idolâtre de votre personne; votre extérieur était le moindre de vos soucis. Et qu'importe le plus ou moins d'élégance du fourreau, quand il renferme une vaillante épée, une fine lame comme la vôtre. Vos condisciples en savaient quelque chose. Les palmarès du temps nous apprennent que l'un de vos rivaux les plus sérieux vous laissait souvent les premiers prix; mais, de votre aveu, il avait sur vous un avantage incontestable, il était mieux habillé. Vous n'avez jamais fait, que je sache, la réputation de vos tailleurs. A quoi tient la destinée! De ces deux élèves qui furent l'honneur du collège de Beaupréau, l'un est devenu évêque, le mieux habillé, et même est mort archevêque; l'autre vit encore, grâces à Dieu, et nous fêtons aujourd'hui sa cinquantaine. Pour notre consolation et notre honneur, il est resté, malgré ses mérites, simple curé de campagne. Qu'on dise donc qu'il n'y a pas de gens d'esprit parmi nous! Je ferme ici la parenthèse. Nous voici en classe, tout en restant à table.

Parti d'une main nerveuse, un coup sec retentit sur la table, qui danse des quatre pieds et plus d'une fois, cher maître, votre montre s'arrêta au coup. Pour rappeler ici un souvenir mythologique : jamais Jupiter ne fit pareillement trembler l'Olympe. Nous tombions à genoux comme foudroyés. Avec quelle ferveur nous répondions au *Veni Sancte!* Au verset *Emitte Spiritum tuum et creabuntur:* certains malins disaient, mais si bas, qu'il n'y avait à les entendre que les voisins et les anges : *Et renovabis faciem Terrier*. Certes, ce n'était pas sans besoin; mais, hélas! nous n'étions pas toujours exaucés. La veine de votre front grossissait à vue d'œil; c'était signe d'orage, et la classe se terminait par ces mots stupéfiants : Puisque c'est ainsi, faites ce que vous voudrez. Chacun se tenait pour averti : *Euntes ibant et flebant mittentes semina sua*. A l'étude suivante, Messieurs les surveillants avaient beau temps, pas un d'entre nous ne soufflait mot et ne levait les yeux. Comme nous n'avions pas de devoir prescrit nous avions soin d'en faire le double. Dans ces conditions nous retournions en classe, l'air joyeux et les mains pleines : *Venientes autem venient cum exultatione, portantes manipulos suos*. Alors le ciel de votre visage redevenait serein, et la paix était faite pour longtemps.

De tous nos maîtres vous étiez incontestablement le plus sévère, et malgré cela le plus aimé. Quel était donc votre secret? Le voici : pour être aimé, il faut d'abord aimer soi-même, c'est la loi du cœur; c'était la vôtre. Vous aimiez vos élèves et vous les aimiez tous. Marquées au coin de la plus stricte impartialité, vos notes étaient données avec une justice mathématique; aussi les moins favorisés d'entre nous ne s'en plaignirent jamais, convaincus que nous étions de recevoir chacun selon nos mérites. Mais comme on était fier quand on avait obtenu un *Optime*. De même vos exemptions furent toujours cotées à la hausse; parce qu'on savait que vous n'en étiez pas prodigue. Un simple *ter*, c'était le *nec plus ultra*, signé Luc Terrier valait mieux que tous ces *Decies* qui, à raison de leur multiplicité étaient tombés en discrédit, comme les assignats de la République.

Dirai-je vos industries pour nous inspirer l'amour de l'étude et stimuler notre émulation? En sixième et cinquième vous nous aviez partagé en deux camps : Romains et Carthaginois se disputaient chaudement la victoire; mais on n'eût jamais à reprocher aux vainqueurs de s'être laissé amollir par les délices de Capoue. Quelquefois, et à notre insu, vous nous faisiez composer avec les élèves de la classe supérieure, et quand nous avions réussi nous ne manquions pas de le savoir.

En troisième, le corrigé des auteurs que nous traduisions était fait par nous. Avec une patience qu'on peut appeler héroïque, vous choisissiez dans chaque copie les phrases les mieux traduites, et vous aviez l'art d'en faire un tout parfaitement homogène, qui était tout à la fois votre œuvre et la nôtre. Vraiment vous aviez le don de nous faire faire l'impossible. C'était à la fin de notre année de sixième; il ne devait plus y avoir de classe, restait une dernière étude destinée aux préparatifs du départ. Vous ne l'aviez pas entendu de la sorte ; et je vous entends dire : « Messieurs les sixième traduiront quarante lignes de *Cornelius*, et les braves feront tout. » Il en restait soixante ou quatre-vingts pour terminer l'auteur. Je le dis avec orgueil, il n'y eut que des braves dans nos rangs. Par les soldats jugez du capitaine.

Après cela je n'étonnerai personne en disant que nous étions fiers de notre maître; cette fierté, certes, était bien légitime! Et vous aussi, n'est-il pas vrai, cher maître, vous étiez fier de vos élèves, comme un père est fier de ses enfants, quand ils se montrent dignes de sa tendresse. Que ne sont-ils là tous rangés en ce moment autour de votre table? *Filii tui in circuitu mensæ tuæ.* A leur grand regret, plusieurs n'ont pu venir, et des plus désirés. Comme nous, ils seraient heureux de former ici votre couronne, de boire à votre cinquantaine et à vos noces d'or. Qu'il me soit permis comme à l'aîné de vos élèves, de vous offrir au nom de tous les condisciples, absents et présents, prêtres et laïcs, l'hommage de notre attachement, de notre reconnaissance et de notre amour. *Ad multos annos*, oui, que Dieu vous accorde encore de nombreuses années, puisque vous les portez si bien, et que vous les employez encore mieux. Vos soixante-quinze ans n'ont pas seulement courbé vos épaules et ridé votre front. Chez vous, la jeunesse et la vieillesse s'unissent et s'embrassent, aussi heureuses que surprises de se rencontrer. Votre vue ne s'est pas affaiblie, de loin comme de près vous reconnaissez tous vos amis. Vos pieds toujours agiles pourraient défier encore vos paroissiens les mieux montés. Votre plume alerte et toujours jeune court sur le papier, pour y tracer d'une main sûre ces caractères fins et déliés comme votre esprit. Votre cœur surtout ne s'est pas refroidi; on le sent à vos vives étreintes et à vos chaudes poignées de mains. Eh bien! d'une seule voix et d'un même cœur, nous disons tous : *Vive le Père Luc!*

Monsieur le curé de la Tessoualle vient de nous montrer quelle énergie, quelle ardeur pour le travail M. Terrier savait communiquer à ses élèves. Aussi ce n'est pas sans raison que l'on doit attribuer une large part des succès de tous, de la célébrité de plusieurs, aux habitudes sérieuses contractées pendant les trois années passées sous la direction de ce professeur aimé et redouté tout à la fois. Lorsqu'on peut citer des noms comme ceux du père Saudreau dominicain, du père Matignon et du père Pierre

Pouplard jésuites, du père Clémot des missions étrangères, du père Branchereau missionnaire de Saint-Laurent, de Monsieur Picherit, supérieur du séminaire de philosophie à Nantes ; de Monsieur Rousselot, curé de Montréal au Canada ; de Monsieur Richou, professeur au séminaire de Rodez ; on se demande si c'est la piété, le dévouement ou la science qui dominait dans l'enseignement du maître ; on doit plutôt affirmer que la vertu et la science le constituaient tout entier.

Je n'ai voulu nommer que les vivants, et ceux qui n'appartiennent plus au clergé du diocèse, voilà pourquoi je n'ai pas cité M. Leblanc et plusieurs autres, parmi ces hommes remarquables. Quelques fragments des lettres écrites par eux, au sujet de la cinquantaine, trouveront naturellement place dans ces souvenirs des noces d'or.

Le père Matignon écrivait : Comme je voudrais avoir des ailes pour franchir la distance qui me sépare du Longeron !... Je porte envie à mes condisciples plus voisins et plus heureux qui pourront vous dire tout ce qu'il y a de reconnaissance et de respectueuse affection dans le cœur de vos anciens élèves. Les années qui viennent pour eux aussi n'ont point affaibli les lointains souvenirs. Vos vieux enfants du Petit Colombier et de Mongazon aiment à faire revivre ces jours bénis, ces trois heureuses années passées sous votre direction ; quand ils se trouvent près de vous, il semble que leur jeunesse leur soit momentanément rendue... Je porterai au Saint Autel mes vœux qui sont ceux de tous vos amis, paroissiens ou anciens disciples. Après quoi je m'unirai en esprit aux toasts qui seront portés, je m'écrierai avec tous : *Dies super dies adjicientur, annos ejus usque in diem generationis et generationis.* Si j'en crois mon cœur, il y aura une cinquantaine comme curé du Longeron, et à celle-là je ferai en sorte de ne pas céder ma place, fût-ce à un provincial des Frères Prêcheurs.

Le père Pierre Pouplard, dans une lettre que je voudrais citer tout entière, rappelle les attentions délicates et maternelles du professeur, dont la mine sévère faisait parfois trembler ; mais qui savait au besoin épanouir et consoler les cœurs... Une preuve entre mille.

C'était pendant l'horreur d'une orageuse nuit... Tout tremblait dans nos mansardes transformées en dortoir. Le tonnerre et les éclairs m'épouvantaient. N'y tenant plus de peur, je laisse échapper un soupir, un mot de crainte : « allons, enfant, soyez tranquille, je suis là : » dit une voix connue ; c'était M. Terrier qui se tenait près de mon lit ; il s'était levé, supposant bien que sa présence pourrait tranquilliser les peureux, et j'en étais.

Je n'oublie pas non plus les agapes auxquelles notre cher professeur nous invitait tous les ans aux vacances. Je vois d'ici la bonne table si copieusement servie ; et j'applaudis en même temps à l'excellente sœur de M. Terrier qui se donnait la peine d'apprêter le banquet... A elle et à son frère, longues et heureuses années ici-bas, avant les joies éternelles.

Monsieur Rousselot n'a pas oublié son bon et cher père Luc. Quelle belle fête aujourd'hui au Longeron ! Anciens élèves et amis venus de tous les points du diocèse, s'unissent à vos paroissiens pour célébrer avec joie vos Noces d'or. Chacun s'empresse de vous témoigner, les uns leur reconnaissance, tous leur amitié. Il n'y a guère que votre pauvre canadien de Montréal qui manque au rendez-vous ! Toutefois son esprit et son cœur sont avec vous. Ainsi pendant votre messe, je remercie Notre-Seigneur de ce qu'il vous a fait un prêtre selon son cœur, un prêtre qui, depuis cinquante ans, n'a su faire que le bien... Il ne me reste plus qu'à vous demander de prier pour moi, afin que j'apprenne à mettre en pratique la règle du rudiment que vous nous appreniez autrefois : tel père tel fils ; que je devienne un fils digne de mon professeur de l'an 1834.

Le père Clémot, des missions étrangères, écrit de Bangalore : Je pourrais à peine exprimer toute la joie que votre lettre m'a causée ; je ne savais plus si mon vénérable professeur de sixième, cinquième et troisième était de ce monde... Plusieurs de mes chers amis d'enfance vont avoir le bonheur de se réunir autour de notre cher et vénére père Luc. Aucun de nous n'a oublié comment, avec ses images de deux sous, magnifiques pour l'époque, il savait si bien s'y prendre pour captiver notre attention et extorquer de nos jeunes intelligences un supplément de travail... A qui devons-nous nos succès dans nos études? A qui? Au zèle infatigable de notre père Luc, qui nous aimait à plein cœur et que nous aimions bien aussi. Combien de doux souvenirs de ces jours heureux nous ont accompagnés durant ce demi-siècle, dans les péripéties si variées de la vie d'exil.

M. TERRIER, CURÉ DU LONGERON

Si les huit années du professorat de M. Terrier à Mongazon ont été si bien remplies, les quarante qui se sont écoulées depuis sa nomination à la cure du Longeron ont été plus fécondes encore.

Je sais que je déplairais à notre bien-aimé Curé, si je dévoilais tout ce que je sais à sa louange. Les compliments de la cinquantaine ont été subis par lui comme une nécessité imposée par la circonstance ; et son humilité voudrait qu'on gardât maintenant le silence sur ses œuvres. La reconnaissance ne me permet pas de me taire tout à fait. Je ne veux être accusé ni d'ingratitude, ni d'indiscrétion ; mon but est de donner ici les pièces justificatives des compliments qui précèdent, de montrer combien ces manifestations de la cinquantaine étaient légitimes. Il me suffira de rappeler en quelques mots ce qui est connu de tous au Longeron ; je ne ferai d'ailleurs que répéter ce que j'ai dit, en termes plus concis, dans le toast porté au nom de tous les habitants de la paroisse.

Monsieur le Curé,

A votre arrivée parmi nous, vous avez trouvé le Longeron dans un état de surexcitation voisin de la révolte ; il fallait une main ferme pour dominer la situation, et la vôtre l'était. Aussi, à peine êtes-vous installé, le calme se fait. Votre présence seule a suffi pour rétablir la paix. J'évoque des souvenirs d'enfance, mais ils n'en sont pas moins surs. Je me rappelle fort bien un groupe de personnes pieuses, où après avoir répandu des larmes sincères sur le départ de M. Thébault, votre prédécesseur, on ajoutait en s'essuyant les yeux : « Nous ne pouvons pourtant pas demander mieux que notre nouveau curé. » La conversation continuant, on vous comparait aux curés qui avaient gouverné la paroisse avant vous. Vous aviez, disait-on, la sainteté de M. Lacoudre, mort avant la Révolution ; la science et le courage de M. Grolleau, qui, pendant toute la guerre, n'avait pas quitté le Longeron ; la vertu sévère de M. Labouré ; l'amabilité de M. Hérault ; le zèle de M. Sureau ; la bonté de M. Thébault. Permettez-moi de dire que ce jugement était juste ; la preuve est dans vos œuvres.

La foi était vive dans votre paroisse, et malgré cela les sacrements étaient peu fréquentés. Vos prédécesseurs, par suite d'une erreur dont je ne les accuserai pas, parce qu'elle était celle de leur époque, étaient trop portés à considérer la Sainte Communion comme la récompense de ceux qui sont arrivés à la perfection, plutôt que comme le moyen d'y arriver. Toujours à votre poste, économe du temps, indulgent pour les faiblesses, sévère pour la malice, également éloigné de la sévérité et du relâchement ; il vous fut facile d'amener la plupart de vos paroissiens à une juste pratique des sacrements.

Vous aviez remarqué avec peine que depuis un demi-siècle, le Longeron avait fourni deux prêtres seulement au clergé du diocèse, un seul survivait, M. Pallard, curé de Saint-Martin-du-Bois, recommandable par ses talents et ses vertus, la droiture de son jugement et l'aménité de son caractère; M. Lévêque était mort au Fief-Sauvin où son zèle n'est pas encore oublié.

Vous aimiez les âmes, vous avez voulu apporter votre contingent au recrutement de la milice sacrée.

Je m'estime heureux, je me sens honoré d'avoir été choisi par vous ; j'exprime les sentiments de tous mes frères dans le sacerdoce que vous avez appelés comme moi. C'était au mois de septembre 1850, M. Petiteau, votre vicaire, vous présentait sept enfants que je nommerai en commençant par les plus jeunes :

Auguste Fonteneau, à cause de sa trop grande jeunesse, fut prié d'attendre deux ans, il est devenu prêtre de Saint-Sulpice et économe du séminaire de Baltimore.

Armand Jouet, trop jeune aussi, ne put continuer, il est devenu cependant soldat de l'Église, enrôlé après Castelfidardo dans les zouaves pontificaux, il est demeuré fidèle à son régiment jusqu'à sa dissolution.

Auguste Poirier, actuellement curé de l'importante paroisse d'Yzernay.

Adolphe-Clément Jeanjean, entré dans la Compagnie de Jésus où il est connu sous le nom de P. Clément.

Charles Ripoche dut attendre que sa santé s'améliorât; elle s'est améliorée au ciel.

Prosper Amiot, qui avait commencé ses études avec succès, était destiné à devenir trésorier de la fabrique.

Alphonse Jeanjean, maintenant curé de Villeneuve.

M. Petiteau ayant été nommé curé de la Tourlandry, vous avez repris, sinon avec le même succès, du moins avec le même zèle qu'autrefois, vos fonctions de professeur. Le Carême, le Jubilé, que vous prêchiez au Longeron et dans les paroisses voisines n'interrompaient pas nos classes. Si une grave maladie vous forçait à garder la chambre, vous nous rangiez autour de votre fauteuil de convalescent.

Voilà des souvenirs qui ne s'effaceront jamais de nos cœurs. Plus tard votre maison ne cessa pas d'être la nôtre, c'était là qu'étaient tous nos rendez-vous de vacances; toujours bien accueillis, nous ne partions jamais sans avoir reçu quelque bon conseil, quelque enseignement utile.

Dans la suite vous appeliez encore M. Sicard, vicaire de Landemont, M. Jules Poirier, des missions africaines de Lyon, Préfet apostolique du Niger. Lorsque les vocations manquaient dans votre paroisse vous en demandiez à vos confrères, c'est ainsi que vous avez commencé les études de M. Auguste Landreau, vicaire de Chavagnes-les-Eaux et de M. Louis Poirier, le père Martin, de l'ordre des Capucins;

ce dernier, il est vrai, appartient au Longeron par sa famille. C'est encore à vos soins que M. Honoré, vicaire d'Allonne, et M. Gilbert, vicaire d'Yzenay, doivent leur vocation et leurs premières études. Parmi les futurs prêtres du Longeron, je dois nommer M. Eugène Bonnet qui a renoncé avec tant de générosité à tous les avantages de la terre pour embrasser la pauvreté évangélique. M. Édouard Ripoche et son frère Alphonse, l'un diacre à Bellefontaine, l'autre scolastique chez les missionnaires de Saint-Laurent, forment pour l'instant les derniers fleurons de cette couronne que vous enrichirez encore. Je pourrais nommer les religieux non prêtres : Bellefontaine, le Saint-Esprit et Saint-Gabriel en renferment près d'une dizaine. Si je passe aux religieuses nées au Longeron ou parties du Longeron pour entrer en communauté, la moisson est trop riche pour que je puisse donner des noms. La Sagesse vous doit trente religieuses; Torfou, plus de trente; Saint-Charles, sept, et vous avez trouvé encore à glaner pour les autres familles religieuses. Le Longeron est représenté aux Gardes, à la Salle-de-Vihiers, au Bon-Pasteur, au Calvaire, à la Retraite, à Saint-François, chez les Servantes du Saint-Sacrement, à la Sainte-Enfance de Bordeaux, à la Compassion de Rouen, à Chavagnes, à Sainte-Anne de Saumur, etc.; ce qui donne plus de quatre-vingts religieuses. Sans doute toutes ces vocations viennent de Dieu comme cause première; mais ne s'est-t-il pas servi de l'exemple et des conseils du pasteur pour inspirer tant de généreux sacrifices ?

Il n'est pas donné à tous de quitter le monde, le plus grand nombre doivent se sanctifier dans la vie commune. Le salut des âmes de vos paroissiens, tel a été le but de vos quarante années de travaux. C'est pour arriver plus sûrement à cette fin que vous avez établi des confréries et des associations pieuses. Je citerai les principales : la confrérie du Saint-Sacrement existait, vous l'avez fait ériger canoniquement. Le Tiers-Ordre de Saint-François, le Rosaire ont été établis dans les règles par les religieux Franciscains et Dominicains.

Vous aviez soin d'appeler fréquemment, pour des retraites ou des missions, les prédicateurs des divers ordres. Je n'ai pas besoin d'affirmer que le Longeron figure honorablement sur les comptes-rendus de la Propagation de la Foi et de la Sainte-Enfance.

L'administration temporelle me fournirait une mine non moins riche à exploiter; là encore je ne ferai que rappeler ce qui est connu. Votre œuvre principale est la construction de l'église. Qui ne se rappelle vous avoir vu, tantôt à la tête des pères et des jeunes hommes dont les bras forts soulevaient les matériaux les plus lourds, tantôt organiser en longues files les mères et les enfants? car vous aviez su communiquer votre énergie à tous vos paroissiens. C'est ainsi que sans ressources vous avez achevé cet édifice, témoignage de votre zèle pour la Maison de Dieu, expression du sérieux de votre caractère, symbole du monument spirituel plus durable que le granit, édifié par vous dans les âmes. Parlerai-je de la réparation du presbytère? Vous avez voulu qu'il fût grand, que vos amis y fussent à l'aise; mais c'était votre maison, et vous avez rejeté tout luxe dans la construction et dans le mobilier. En homme pratique vous n'avez pas voulu laisser sans emploi les matériaux et l'emplacement de la vieille église; des maisons, bâties à peu de frais, assurent à vos paroissiens des logements avantageusement placés et à la Fabrique des revenus importants. C'est ce désir d'être utile, même dans les choses temporelles qui vous a fait construire vos lavoirs couverts, reculer vos clôtures, etc.

Revenons aux œuvres qui intéressent plus particulièrement la piété : La croix du cimetière vous appartient. Vous avez restauré les deux calvaires, et placé sur chacun une croix nouvelle avec un Christ de fonte. Le petit monument connu sous le nom de l'Arceau, et qui sert de but aux processions de la Sainte-Vierge, tombait en ruines; il a été refait en pierres de choix. La dévotion à l'Immaculée Conception souffrait d'être privée d'un autel spécial; une grotte creusée dans un beau rocher, sur les bords si calmes de la Sèvre, rappelle le pèlerinage de Lourdes, et vient offrir à la piété envers Marie Immaculée l'aliment qui lui manquait. Saint Joseph ne pouvait être oublié dans une population ouvrière ; il avait sa statue sur le fronton de filature de M. Bonnet, il avait trouvé place dans l'église, en face du Sacré-Cœur; vous vouliez qu'il dominât les champs et les coteaux; une chapelle en solide granit, surmontée d'une statue de fonte, invite tous les travailleurs à invoquer leur glorieux patron. Ai-je tout dit? Non, je n'ai pas parlé de l'ornementation de l'église, de sa consécration par l'illustre évêque d'Angers, Mgr Freppel. Puis-je oublier les cloches? leur voix éclatante et harmonieuse ne me le permet pas. C'était une bien belle cérémonie que celle de leur baptême, le 23 septembre dernier, c'était un digne prélude des fêtes de la Cinquantaine.

Après tant d'œuvres (je ne les ai pas énumérées toutes), on peut se demander ce que votre activité, qui n'a pas diminué, trouvera pour l'utilité de la paroisse. Soyons sans inquiétude de ce côté, vous saurez bien nous le montrer, il suffit que le ciel exauce nos vœux et accorde longue vie au Père que nous sommes accoutumés à vénérer et à chérir.

Angers, imprimerie Germain et G. Grassin, rue St-Laud. — 1940-85.

www.ingramcontent.com/pod-product-compliance
Ingram Content Group UK Ltd.
Pitfield, Milton Keynes, MK11 3LW, UK
UKHW020446180726
13839UKWH00004B/1653